AF151464

BEI GRIN MACHT SICH IHR
WISSEN BEZAHLT

- Wir veröffentlichen Ihre Hausarbeit,
  Bachelor- und Masterarbeit

- Ihr eigenes eBook und Buch -
  weltweit in allen wichtigen Shops

- Verdienen Sie an jedem Verkauf

Jetzt bei www.GRIN.com hochladen
und kostenlos publizieren

Bibliografische Information der Deutschen Nationalbibliothek:

Die Deutsche Bibliothek verzeichnet diese Publikation in der Deutschen National-
bibliografie; detaillierte bibliografische Daten sind im Internet über http://dnb.d-
nb.de/ abrufbar.

Impressum:

Copyright © 2006 GRIN Verlag, Open Publishing GmbH
Druck und Bindung: Books on Demand GmbH, Norderstedt Germany
ISBN: 978-3-668-13817-9

Dieses Buch bei GRIN:

http://www.grin.com/de/e-book/274998/entwicklung-und-reformpaedagogische-
tradition-von-jahrgangsmischung

Susanne Hoff

Entwicklung und reformpädagogische Tradition von Jahrgangsmischung

GRIN Verlag

GRIN - Your knowledge has value

Der GRIN Verlag publiziert seit 1998 wissenschaftliche Arbeiten von Studenten, Hochschullehrern und anderen Akademikern als eBook und gedrucktes Buch. Die Verlagswebsite www.grin.com ist die ideale Plattform zur Veröffentlichung von Hausarbeiten, Abschlussarbeiten, wissenschaftlichen Aufsätzen, Dissertationen und Fachbüchern.

Besuchen Sie uns im Internet:

http://www.grin.com/

http://www.facebook.com/grincom

http://www.twitter.com/grin_com

Entwicklung und reformpädagogische Tradition von Jahrgangsmischung

von
Susanne Hoff

Inhaltsverzeichnis

1. Einleitung 3

2. Entstehung von Jahrgangsmischung..3

3. Altersmischung in den kleinen Landschulen..4

4. Maria Montessori...5

    4.1   Prinzipien und Vorzüge der Jahrgangsmischung bei Montessori.............6

    4.2   Die Bedeutung von Gleichaltrigen in der Lerngruppe....................8

5. Peter Petersen 9

    5.1   Die altersgemischte Stammgruppe..10

    5.2   Eingliederung der Stammgruppe in den Schulalltag............................12

    5.3   Begründungen der jahrgangsgemischten Stammgruppe.......................13

    5.4   Die Pädagogik Petersens in der aktuellen Diskussion 15

6. Schluss 17

7. Quellenverzeichnis (inklusive weiterführender Literatur) 18

    7.1   Literatur..18

    7.2   Internetseiten..23

    7.3   Grafiken 24

1. Einleitung

Das Prinzip der Alters- bzw. Jahrgangsmischung wurde nicht von Vertretern der Reformpädagogik neu entwickelt. Vielmehr handelt es sich dabei um die älteste und über viele Jahrhunderte vorherrschende Form der Wissensvermittlung.[1] Dabei ist das frühere jahrgangsgemischte Unterrichten allerdings auf andere Beweggründe zurückzuführen, als wir sie in der aktuellen schulpädagogischen Diskussion vorfinden. So war die schulische Ausbildung bis zur Einführung der Schulpflicht nicht bindend und oftmals nur ein Privileg Einzelner.[2]

2. Entstehung von Jahrgangsmischung

Die ersten Ursprünge des altersgemischten Unterrichtens können wir schon anhand einiger Bilder aus dem *Alten Ägypten* finden, auf denen ein Lehrer Kindern und Jugendlichen unterschiedlicher Altersgruppen (vermutlich aus der Pharaonenfamilie und ihrer Verwandtschaft) Unterricht erteilt. In *Griechenland* gab es Wanderlehrer (bzw. Philosophen), die von einem Ort zum nächsten reisten und auf den Marktplätzen jungen und alten Menschen ihre Alltagserfahrungen und Lebensweisheiten offenbarten. Auch im *spätrepublikanischen Rom* wurde mit dem Ziel der allgemeinen Schulpflicht eine in Wissensbereiche untergliederte Lehrweise durchgesetzt, die auf altersgemischtem Lernen basierte.[3] Bei diesem System, welches sich auch im Mittelalter und darüber hinaus fortsetzte und somit etwa 2000 Jahre in Europa bestand, „war ein individualisiertes Lernen in Gruppen üblich, die nach Kenntnisstand, nicht nach Alter gebildet wurden"[4]

Erst als die von Comenius bereits im 17. Jahrhundert geforderte Bildung für alle durch die Einführung von Jahrgangsklassen zu Beginn des 20. Jahrhunderts verwirklicht wurde, gab man die viele Jahrhunderte alte Praxis der Unterrichtung in altersgemischten Lerngruppen (Abteilungsunterricht, Untergliederung nach Kenntnisstand etc.) zugunsten von Altershomogenität auf.[5]

---

[1] Vgl.: Knauf 1997, S. 115
[2] Vgl.: Goetze-Emer 2000, S. 47
[3] Vgl.: Knauf 1997, S. 115
[4] Lennartz, Alice/Ludwig, Harald: Jahrgangsübergreifendes Lernen. In: Wittenbruch, Wilhelm/ Lennartz, Alice (Hrsg.): Zeit zu handeln: Grundschulentwicklung voranbringen! Heinsberg 2003, S. 81 (künftig zitiert als: „Lennartz 2003")
[5] Vgl.: Knauf 1997, S. 116

3. Altersmischung in den kleinen Landschulen

Die Einführung des Jahrgangsklassensystems führte jedoch nicht zum völligen Verschwinden der Alters- bzw. Jahrgangsmischung. In den kleinen Dorf- bzw. Landschulen[6] gehörten altersheterogene Klassen noch bis in die 1960er Jahre zum Alltag. Aufgrund niedriger Schülerzahlen wurden mehrere Jahrgänge in einer Klasse zusammengefasst. In den kleinen Landschulen ging es jedoch nicht darum die Altersheterogenität für den Unterricht zu nutzen, sondern ein System zu finden um den geringen Schülerzahlen gerecht zu werden und den Kindern somit einen langen Schulweg zu ersparen (Ökonomische Begründung). Demnach entsprach der Unterricht in diesen altersgemischten Landschulen größtenteils der Form des Abteilungsunterrichts.

Infolge des *Sputnikschocks*[7] von 1956 glaubte man in Deutschland, die Schuld für den technologischen Rückstand des Westens im Schulwesen sowie in der unausgeschöpften Begabungsreserve zu finden. Um das Schulsystem effektiver zu gestalten, sahen die Schulentwicklungspläne zentrale, große Schulen vor, die durch ein anspruchsvolles Angebot zu wissenschaftsorientiertem Unterricht verhelfen und somit leistungsfähiger sein sollten.[8] Um dies zu gewährleisten wurden in den 60er Jahren die kleinen Landschulen mit ihren kombinierten Klassen „zugunsten [dieser] voll ausgebaute[n] Schulen weitestgehend abgeschafft."[9] Der oft heftige Widerstand der Betroffenen wurde nicht gehört, da „fast alle Verantwortlichen im Bildungswesen [...] unbesehen und ungeprüft die Meinung übernommen [hatten], an kleinen Schulen lerne man weniger und [...] damit den rigorosen schulischen Kahlschlag"[10] rechtfertigten. Gleichzeitig war man wie bereits erwähnt davon überzeugt, dass optimales Lernen nur in leistungshomogenen Gruppen zu verwirklichen sei und ging zusätzlich davon aus,

---

[6] Landschulen werden auch oft als „Zwergschulen" bezeichnet
[7] → **Sputnikschock** nennt man die politisch-gesellschaftliche Reaktion in den USA und Westeuropa sowie die weitere Entwicklung ihrer Raumfahrt nach dem Start des ersten Erdsatelliten Sputnik am 4. Oktober 1957 durch die Sowjetunion. Sputnik bewies in erster Linie, dass die Sowjetunion technologisch den USA mindestens ebenbürtig, sowie im Besitz von starken Interkontinentalraketen war und die USA mit Atombomben bedrohen konnte. Diese technologische Leistung stellte den bis dahin sicher geglaubten Überlegenheitsanspruch des Westens in Frage. (Vgl.: http://de.wikipedia.org/wiki/Sputnik-Schock vom 10.12.2005)
[8] Vgl.: Förch, Johannes / Gerold, Horst-Dieter u.a.: Die altersgemischte Klasse – Aus der Sicht kleiner Grundschulen. In: Burk, Karlheinz (Hrsg.): Jahrgangsübergreifendes Lernen in der Grundschule. Frankfurt am Main 1996, S. 24 (künftig zitiert als: „Förch 1996")
[9] Lennartz 2003, S. 81
[10] Förch 1996, S. 25

dass diese Homogenität durch Jahrgangsklassen in Verbindung mit „Sitzen-bleiben" bei unpassenden Leistungen zu erreichen sei[11]

Diese Überzeugung wurde bereits viele Jahre zuvor, im ersten Drittel des 20. Jahrhunderts deutlich in Frage gestellt und kritisiert. Zu jener Zeit entwickelten Reformpädagogen wie Maria Montessori (1870-1952), Peter Petersen (1884-1952), Berthold Otto (1859-1933 → Gesamtunterricht) und Paul Geheeb (1870-1960 → Odenwaldschule /Land-erziehungsheime) neue Konzepte[12], in denen der Jahrgangsmischung eine entscheidende Rolle zukommt.

4. Maria Montessori

„In den meisten Schulen besteht einmal eine Trennung nach den Geschlechtern und dann nach dem Alter, das ungefähr in allen Klassen gleich ist. Das ist ein grundlegender Fehler, der zu jeder Art anderer Fehler führt: Es ist eine künstliche Isolierung, die die Entwicklung des sozialen Gefühls verhindert."[13] So lautet Montessoris Kritik an der Jahrgangsklasse. Während die altersgemischten Land-schulklassen mehr aus organisatorischen als aus pädagogischen Gründen eingerichtet wurden, ist „das Prinzip der Altersmischung [in der Pädagogik Montessoris] ein grundlegendes Strukturprinzip [...] der Schul- und Unterrichts-organisation [...]"[14] Im Unterschied zu dem Gesamtschulkonzept von Berthold Otto, welches die Begegnung altersheterogener Kinder vom ersten bis zum zehnten Schuljahr herbeiführt[15], leben und lernen in der Konzeption Montessoris Kinder aus drei Jahrgangsstufen gemeinsam. Laut der Reformpädagogin ermöglicht und fördert dieses Zusammenleben von Kindern aus drei Altersjahrgängen u. a. vielfältige Kooperationen unter den Schülern.[16] Maria Montessori ist sich allerdings bewusst, dass die Vorzüge der geschlechts- sowie altersgemischten Klassen nur realisierbar sind, wenn man die Jahrgangsmischung mit differenzierten Unterrichtsformen kombiniert. So empfiehlt die Reformpädagogin eine Form der *Freiarbeit.*, die nur auf Grundlage einer vom Lehrer, mit

---

[11] Vgl.: Lennartz 2003, S. 81 f.

[12] → Auf die Konzepte von Otto und Geheeb soll in dieser Arbeit nicht gesondert eingegangen werden. Abgesehen von den genannten Reformpädagogen gibt es noch weitere, die das Prinzip der Jahrgangsmischung in ihre Konzepte eingebunden haben.

[13] Montessori, Maria: Das kreative Kind. Der absorbierende Geist. Freiburg 1972, S. 203 (künftig zitiert als: „Montessori 1972")

[14] Holtstiege, Hildegard: Das Prinzip der Altersmischung in Montessori-Schulen. In: Montessori – Zeitschrift für Montessori-Pädagogik. 3-4/1995, S. 102 (künftig zitiert als „Holtstiege 1995")

[15] Vgl.: Laging 1999, S. 12

[16] Vgl.: Ebd.

didaktischen Materialien[17] ausgestatteten, *vorbereiteten Umgebung*[18] realisierbar ist. Wie auch bei Berthold Otto steht bei Montessori das Kind als „Baumeister des Menschen"[19] im Mittelpunkt ihrer Pädagogik. Es kann in Einzel-, Partner- oder Kleingruppenarbeit nach eigenem Lerntempo und eigener Wahl der Materialien lernen.

Laut Eichelberger erfährt die *Rolle des Lehrers* in der Montessori-Pädagogik eine neue Definition. So ist dieser nicht mehr in erster Linie Wissens-vermittler, sondern seine Aufgaben liegen in der Beobachtung, Begleitung und Unterstützung des Kindes, sowie in der Vorbereitung einer kindgerechten Umgebung.[20] Insgesamt treten die Vorzüge von Jahrgangsmischung besonders auf Grundlage der Freiarbeit, doch zum Teil auch im gebundenen Unterricht, welcher ebenfalls nach den Regeln der inneren Differenzierung praktiziert wird (allerdings in größeren Gruppen)[21], in Erscheinung.

4.1 Prinzipien und Vorzüge der Jahrgangsmischung bei Montessori

Das von Maria Montessori bevorzugte Modell der Jahrgangsmischung von drei Stufen, also einer „geschlechts- und altersgemischten Gruppierung der 3-6-Jährigen, der 6-9-Jährigen und der 9-12-Jährigen"[22], entspricht nach Ansicht der Reformpädagogin dem „*Natürlichkeitsprinzip*". Da das Kind in seiner Umwelt immer Erfahrungen mit Älteren und Jüngeren macht (vor allem in der Familie mit Geschwistern oder im Kinderhaus), ist es für Montessori sinnvoll die Mischung dreier Altersstufen auf die Schule zu übertragen. Dabei wird dem Kind die Möglichkeit geboten, *unterschiedliche Rollen* (die des Älteren, des Mittleren und des Jüngeren) kennen zu lernen und sie in seiner Gruppe einzunehmen. Lagings Ansicht nach führt dies nicht zu konkurrierendem, sondern zu kooperativem

---

[17] → Sinnesmaterialien für die Bereiche Kinderhaus, Deutsch, Mathematik und Kosmische Erziehung, die von Montessori selbst entwickelt wurden und den Entwicklungsstufen des Kindes entsprechen

[18] → eine kindgerechte Umgebung (z.B. der Klassenraum) die vom Lehrer / Erzieher so konzipiert wird, dass sich das Kind darin selbständig und frei bewegen kann

[19] Montessori 1972, S. 13

[20] Vgl.: Eichelberger, Harald: Handbuch zur Montessori-Didaktik. Innbruck 1997, S. 22 (künftig zitiert als „Eichelberger 1997")

[21] Vgl.: Stein, Barbara: Kinder lernen auch von Kindern – Zur Jahrgangsmischung an Montessori-Schulen. In: Ludwig, Harald, Fischer, Christian u. a.: Sozialerziehung in der Montessori-Pädagogik. Theorie und Praxis einer „Erfahrungsschule des sozialen Lebens". Münster 2005, S. 132 (künftig zitiert als: „Stein 2005")

[22] Laging 1999, S. 11

Umgang miteinander und fördert somit das Sozial- und Lernverhalten.[23] Dieses Modell der Mischung von drei Jahrgängen kann seit der vollzogenen Teilung von Volksschulen in Grund- (umfasst in den meisten Bundesländern vier Jahrgänge) und Hauptschulen, nur noch schwer umgesetzt werden. Deshalb mussten auch in den Montessori-Schulen neue Modelle bzw. Organisationsformen von Jahrgangsmischung entwickelt werden[24].

Ein weiteres wichtiges Prinzip ist der Aspekt des *Voneinander Lernens*. „Kinder lernen [Montessoris Ansicht nach] in einer Weise voneinander, die Eltern und Erzieher nicht ersetzen können [...], da sie sich in ihrem Fühlen und Denken [...] näher stehen als Erwachsene [und somit] Erkenntnisse oft entsprechend einfacher weitergeben [können]."[25] Dieser Aspekt beinhaltet zwei wichtige Ausrichtungen. Auf der einen Seite steht das *Lernen durch Imitation*, wobei die Jüngeren die Älteren nachahmen und so zu neuen Erkenntnissen gelangen. Montessori beschreibt das folgendermaßen: „Sie können sich kaum vorstellen, wie gut ein kleines Kind von einem älteren lernt; wie geduldig das ältere Kind mit den Schwierigkeiten des jüngeren ist. Es sieht beinahe so aus, als ob das jüngere Kind für das ältere einen Arbeitsstoff darstelle."[26] Aus dieser Aussage Montessoris lässt sich schließen, dass auf der anderen Seite der Effekt des *Lernens durch Lehren* nicht zu unterschätzen ist, da die Schüler vorerst ihr eigenes Wissen systematisieren müssen, bevor sie es anderen Kindern vermitteln können.[27] „[Das Kind] vervollkommnet [...] das, was es weiß, indem es lehrt, denn es muss seinen klein-en Wissensschatz analysieren und umarbeiten, will es ihn an andere weitergeben. Dadurch sieht es die Dinge klarer und wird für den Austausch entschädigt."[28] „Durch nichts lernen sie mehr als durch das Lehren anderer [...]."[29]

Weitere Vorzüge der Jahrgangsmischung sieht Montessori in dem *Abbau von Konkurrenz* und Rivalität, *besseren Erfolgschancen für begabte, wie auch*

---

[23] Vgl.: Blendinger 2003, S. 48
[24] Vgl.: Stein, Barbara: Altersmischung. In: Steenberg, Ulrich (Hrsg.) / Holtz, Alex u. a.: Handlexikon zur Montessori-Pädagogik. 4. Band, Ulm / Münster 1997, S. 9
[25] Stein 2005, S. 133
[26] Montessori, Maria: Spannungsfeld Kind – Gesellschaft – Welt. Auf dem Weg zu einer „Kosmischen Erziehung". Freiburg 1979, S. 87 (künftig zitiert als „Montessori 1979")
[27] Vgl.: Blendinger 2003, S. 48
[28] Montessori 1972, S. 204
[29] Montessori 1979, S. 87

schwächere Schüler, der *Förderung* von *Persönlichkeitsentwicklung, Kommunikation* sowie *Kooperation* und in dem *Wegfall des Sitzenbleibens.*

4.2 Die Bedeutung von Gleichaltrigen in der Lerngruppe

Trotz der vielen positiven Prinzipien und Vorzüge, die in der Montessori-Pädagogik wie auch allgemein durch Jahrgangsmischung erreicht werden können, sollte man nicht zu der Auffassung gelangen, dass Kinder keine Gleichaltrigen mehr in der Lerngruppe benötigen. Diese Notwendigkeit, die schon von Montessori erkannt wurde, kann in einer neueren kritischen Studie bestätigt werden. Sie kommt zu dem Ergebnis, „dass Kinder für ihre Entwicklung unbedingt auch gleichaltrige Kinder brauchen, um ihre altersgemäßen und entwicklungsbedingten Interessen und Bedürfnisse zu realisieren."[30]

Daher ist wichtig, bei der Zusammenstellung einer jahrgangsgemischten Klasse darauf zu achten, dass die Anzahl der Gleichaltrigen so groß ist, dass sich Freundesgruppen des gleichen Geschlechts und Alters bilden können.

Um diesem Anspruch gerecht zu werden und um die Chance zu erhöhen, von verschiedenen Charakteren zu lernen, forderte Maria Montessori für die jahrgangsgemischte Lerngruppe eine hohe Anzahl von Kindern.[31] Sie sagt: „Um gute Ergebnisse zu erreichen [soll] die Klasse am besten zwischen 30 und 40 Kindern zählen [...]. Die wirklich guten Ergebnisse stellen sich ein, wenn die Zahl der Kinder wächst; 25 ist eine ausreichende Zahl und mit 40 haben wir die beste Zahl gefunden."[32]

Laut Stein würde heute, aufgrund eines erhöhten Anspruchs an die Schule in Bezug auf ihre Leistungsfähigkeit, die intensive Betreuung jedes einzelnen Kindes, sowie durch den Anstieg von Verhaltensauffälligkeiten bei Kindern kein Pädagoge mehr für eine Klasse mit 40 Kindern plädieren.

Um bei einer geringeren Schülerzahl (ca. 25-30 Kinder) in jahrgangsgemischten Klassen dennoch die Möglichkeit des Beziehungsaufbaus zu gleichaltrigen und gleichgeschlechtlichen Kindern zu gewährleisten, ist es unumgänglich sich

---

[30] Heller, Elke: Gut, dass wir so verschieden sind. Zusammenleben in altersgemischten Gruppen. Berlin 1998, S. 22
[31] Vgl.: Stein 2005, S. 135 f.
[32] Montessori 1979, S. 82

8

intensiv mit der Frage zu beschäftigen, welches Modell von Jahrgangsmischung unter den strukturellen Gegebenheiten am besten geeignet ist[33].

5. Peter Petersen

Neben Maria Montessori plädiert auch Peter Petersen in seinem um 1925 entstandenen Konzept des Jena-Plans für jahrgangsgemischten Unterricht. Er ist der Ansicht, dass das Versagen der „Alten Schule"[34] anhand der großen Zahl der Sitzenbleiber, festgefahrener Lehrpläne, des reinen Abarbeitens von Pensen sowie des hohen Selektionsdrucks deutlich werde, da die Schule scheinbar nicht so arbeite, dass die Lernziele von der Mehrzahl der Schüler erreicht werden könnten. Für Petersen sind das Symptome, an denen sich der „Bankrott der Jahrgangsklasse" feststellen lässt.[35]

Des Weiteren gibt der Reformpädagoge zu bedenken, dass „die Gruppeneinteilung der Kinder rein nach dem Lebensalter [...] das sichtbarste Zeichen dafür [sei], dass unsere Schule nur den Schüler sieht, nicht das Kind: man denkt nur daran, einen möglichst homogenen Lernkörper zu schaffen [...]"[36]. Gleichzeitig handelt es sich beim Reichsgrundschulgesetz von 1920[37] Petersens Ansicht nach um einen kläglichen schulpolitischen Kompromiss.[38]

Der Reformpädagoge ist davon überzeugt, dass die Lösung dieser Probleme in der Mischung der Schüler nach Alter und Geschlecht zu finden sei und fordert somit, die Jahrgangsklasse durch die natürliche Altersgruppe zu ersetzen[39] und gleichzeitig eine Schule zu entwickeln, die bis zu zehn Jahre umfasst oder sogar durchgängig bis zum Abitur führt.[40]

So wird für Peter Petersen, der selbst seine Schulzeit in einer einklassigen, altersgemischten Landschule in Großenwiehe verbrachte und dies als entscheidende

---

33 Vgl.: Stein 2005, S. 136 f.
34 Petersen bezieht sich mit der Bezeichnung der „Alten Schule" auf das Jahrgangsklassensystem für welches das Ideal der völligen Homogenität das leitende Prinzip darstellt.
35 Vgl.: Petersen, Peter: Der kleine Jena-Plan. Langensalza 1927. 56.-60. Aufl. Weinheim 1980, S. 15 f. (künftig zitiert als „Petersen 1980")
36 Vgl.: Ebd.: S. 38
37 Gesetz bezüglich der vier Jahre umfassenden Grundschule aus dem Jahr 1920
38 Vgl.: Traub, Thilo: Jahrgangsübergreifende Gruppen im Schulkonzept Jenaplan. In: Laging, Ralf (Hrsg.): Altersgemischtes Lernen in der Schule. Hohengehren 1999, S. 126 (künftig zitiert als „Traub 1999")
39 Vgl.: Petersen, Peter: Führungslehre des Unterrichts. Langensalza 1937. Neuausgabe nach der 10. Aufl. 1971. Weinheim/Basel 1984, S. 93 (künftig zitiert als: „Petersen 1984")
40 Vgl.: Petersen 1980, S.12

9

Grundlage seiner Erziehung erfahren hat, die absichtsvolle Bildung von vier bzw. fünf altersgemischten Stammgruppen zur Bedingung für seine „Neue Schule". [41]

5.1 Die altersgemischte Stammgruppe

Im Konzept des Jena-Plans von Petersen wird die Jahrgangsklasse durch die Stammgruppe, eine heterogene Schülergemeinschaft ersetzt, welche die Grundlage seiner Unterrichtsorganisation bildet. Ebenso wie bei Montessori beinhaltet eine Gruppe jeweils drei Jahrgänge:

Schuljahr	Stammgruppe	Lebens-alter
(10.) 11. - 12.	Jugendlichengruppe II	16 - 17
↑		
(8.) 9. - 10.	Jugendlichengruppe I	14 - 15
↑		
(6.) 7. - 8.	Obergruppe	12 - 13
↑		
4. - 6.	Mittelgruppe	9 - 11
↑		
1. - 3.	Untergruppe	6 - 8

Die Zusammenfassung von drei Jahrgängen ist nicht willkürlich gewählt worden, sondern sie ist Folge von planmäßigen Versuchen, die Petersen ab 1925 in Jena durchgeführte. Bei dieser Versuchsreihe ging es ihm von Anfang an darum, eine Sozialform zu finden, die, da sie eine freier Entfaltung des Zwischenmenschlichen ermöglicht, erzieherisch besonders wirkungsvoll ist. [42] Es stellte sich heraus, dass „Kinder einer solchen Phase – also von durchschnittlich drei Jahren – [...] seelisch – und was noch wichtiger für den Pädagogen ist – *allgemeinmenschlich* enger zusammen [gehören], d.h. sie *bedeuten* etwas Besonderes für

---

[41] Vgl.: Traub, Thilo: Die Stammgruppe im Jenaplan Peter Petersens. In: Burk, Karlheinz (Hrsg.): Jahrgangsübergreifendes Lernen in der Grundschule. Frankfurt am Main 1996, S. 30 (künftig zitiert als „Traub 1996")
[42] Vgl.: Klein-Landeck, Michael: Freie Arbeit bei Maria Montessori und Peter Petersen. 2. bearbeitete Aufl. Münster 1998, S. 127 (künftig zitiert als: „Klein-Landeck 1998")

einander, können sich gegenseitig besonders viel sein und geben."[43] In seinen Beobachtungen der Stammgruppen findet Petersen heraus, dass es typische Arbeitsformen und Interessen gibt, die er seinen Schulstufen zuordnen kann. Er folgert daraus, dass diese Stufen der Entwicklung des Kindes nahezu entsprechen.[44]

So sieht er in der Untergruppe „die Stufe der spielenden Beschäftigung und des gestalterischen-experimentierenden Werkens."[45] In diesem Alter (6.-8. Lebensjahr) sind Spiel, Beschäftigung und Schaffen noch eng miteinander verbunden. Die Mittelgruppe bezeichnet Petersen als „Stufe der Arbeit und der Sachlichkeit"[46]. Die Schüler haben in dieser Gruppe großes Interesse daran zu erfahren, wie man bestimmte Dinge gestaltet, bearbeitet und darstellt. In der Obergruppe findet nun aufgrund des vorher Gelernten die „freiere Entfaltung" statt, was sich besonders gut in altersheterogenen Gruppen realisieren lässt. Die Jugendlichengruppen I / II würden „die besten schulischen Früchte tragen [...], wenn es unseren Schülern ermöglicht würde, sie zu besuchen."[47]

In Bezug auf die Größe einer Stammgruppe ist Petersen davon überzeugt, dass die besondere Arbeitsform des Jena-Plans sowie die kindgerechte Gestaltung des Schulalltags, die Arbeit in großen Lerngruppen erleichtere. Dennoch plädiert er dafür, dass in Unter- und Mittelgruppe höchstens 40 und in der Obergruppe nicht mehr als 35 Kinder unterrichtet werden sollten.[48]

---

[43] Petersen 1984, S. 54
[44] Vgl.: Traub 1996, S. 32
[45] Petersen, Peter: Die Praxis der Schulen nach dem Jena-Plan. (Jena-Plan Bd. III) Weimar 1934, S. 18
[46] Ebd.
[47] Ebd.
[48] Vgl.: Klein-Landeck 1998, S. 128

11

5.2 Eingliederung der Stammgruppe in den Schulalltag

Im Konzept Peter Petersens wird der Unterricht in einem „Wochenrhythmus" organisiert, wodurch dem Kind Arbeitsphasen ermöglicht werden sollen, die ihm Raum geben, seinem natürlichen Arbeitsrhythmus nachzugehen. Gleichzeitig soll

durch das Bilden von Lernbereichen anstelle von Fächern, sowie durch die Eingliederung des Wochenendes, Leben und Lernen miteinander verbunden werden.[50] Somit handelt es sich bei einer Stammgruppe nicht ausschließlich

Sitzkreis einer Stammgruppe in der Universitätsschule Jena[49]

um eine Lerngruppe, sondern vielmehr um eine Lebens- und Arbeitsgemeinschaft.[51] Dies zeigt sich auch in Gemeinschaftsformen wie dem Kreis innerhalb der Stammgruppe oder regelmäßigen Stufen- und Schulfeiern, die eine Bindung zwischen Stammgruppe und Schulgemeinde erzeugen sollen.

Der bedeutendste Anteil der Arbeit in der Stammgruppe findet im Kernunterricht statt, in welchem sich laut Traub „das freie Kräftespiel der Gruppe"[52] entfalten kann. Zusätzlich gibt es unterschiedliche Arten von Kursen, wie beispielsweise fachspezifische Lehrgänge (die auf Grundlage des Anspruchsniveaus der Kinder gebildet werden), frei wählbare Kurse, die sich an speziellen Interessen der Schüler orientieren und wenn nötig, Ergänzungen zum Kernunterricht in Form spezieller Einführungskurse. Im Wochenrhythmus bildet somit die Arbeit in der Stammgruppe den Unterrichtskern, der jedoch offen für eine flexible Gestaltung, sowie eine Ergänzung durch sinnvolle Zusatzangebote bleibt.[53]

---

[49] → Archiv-Bild aus dem Film „Das Schulleben an der Universitätsschule Jena"
[50] Vgl.: Traub 1996, S. 34
[51] Vgl.: Klein-Landeck 1998, S. 127
[52] Traub 1996, S. 34
[53] Vgl.: Ebd.

5.3 Begründungen der jahrgangsgemischten Stammgruppe

Neben der Bedeutung der natürlichen Altersreihe[54] führt Petersen noch weitere Gründe für sein Modell der jahrgangsgemischten Stammgruppen an. Wie schon Maria Montessori oder auch Berthold Otto betont Petersen die *Bildungs-*

wirksamkeit der Differenz (→ siehe Foto[55]), welche durch die Mischung von drei Jahrgängen unter den Schülern entsteht.[56] „Die Altersunterschiede bedeuten verstärkte geistige und allgemein-menschliche Anregung und Förderung für die Gemeinschaft, dazu sind reichlich pädagogische wie unterrichtliche Führer unter den Kindern selber vorhanden [...]."[57] „Die drei Jahrgänge verhalten sich zueinander wie Lehrlinge, Gesellen und Meister; auf jeden Fall entsteht eine solche Innengliederung jeder Gruppe, dass jener Vergleich zu Recht besteht."[58] Diese letzte Äußerung, die sich auf das umstrittene Führungsverhältnis bei Petersens bezieht, könnte man als „Rückfall" in die Theorie der Jahrgangsklasse missverstehen, wären die Begriffe *„Lehrling, Geselle und Meister"* mit einer eindeutigen Zuordnung des Jahrgangs verbunden. Der darauf folgende Hinweis, dass eine solche „Innengliederung jeder Gruppe" entsteht, lässt vermuten, dass sich Petersen mit den genutzten Begriffen auf das Arbeitsverhalten der einzelnen Schüler und nicht auf ihr Alter bezieht.[59] Durch diese Heterogenität entsteht dem Reformpädagogen zufolge ein *„fruchtbares Bildungsgefälle"*[60]

Auch in Bezug auf die begabten Schüler sieht Petersen einen Vorteil der Altersmischung, da diese nicht so deutlich hervortreten bzw. auffallen wie in einer

---

[54] → Die dreijährige Altersmischung entspricht laut Petersen den Entwicklungsstufen der Kinder
[55] → Auf dem Archiv-Bild aus dem Film „Das Schulleben an der Universitätsschule Jena" erklärt eine ältere Schülerin, zwei jüngeren Mitschülern ihre Aufgaben. Dies zeigt die Bildungswirksamkeit der Differenz von Jahrgangsmischung.
[56] Vgl.: Laging 1999, S. 12 f.
[57] Petersen 1980, S. 21
[58] Ebd.: S. 38
[59] Traub 1996, S. 35
[60] Petersen 1980, S. 38

Jahrgangsklasse und somit Petersen zu Folge „nie die bekannten unangenehmen Seiten der Überlegenen und Besserwissenden"[61] entwickeln.

Abgesehen von den genannten Punkten spricht Petersen zufolge noch ein weiterer Aspekt für die drei Jahrgänge umfassende Stammgruppe. Dieser ist in der *jährlichen Veränderung* der Gruppe zu finden. Da in jedem Jahr etwa ein Drittel der Schüler die Gruppe verlässt, während ein neues hinzukommt, wird die Gefahr ausgeschlossen, dass dieselbe Gruppenstruktur ihre möglichen Schwierigkeiten im Zusammenleben auf Dauer behält. Gleichzeitig „bleibt eine *vorgeordnete Sozialstruktur erhalten*, in die die neuen Schüler [...] hineinwachsen"[62] und die sie gleichzeitig durch frische Anregungen bereichern können um somit „die Stammgruppe lebendiger zu erhalten."[63]

Der Aspekt der jährlichen Veränderung der Gruppe steht in engem Zusammenhang mit dem von Petersen (an der Jahrgangsklasse) oft kritisierten Problem der Versetzung. Dieses kommt, in *Form des Übergangs* von einer Stammgruppe in die nächste, auch in der Jenaplan-Schule vor. Allerdings ereignet sich dieser Übergang im jahrgangsgemischten Jena-Plan Konzept erst nach drei Jahren und kann, wie auch die Einschulung, je nach Entwicklungsstand des Kindes, zeitlich variieren.[64] Petersen sagt dazu: „Für die „Versetzung" ist uns stets ausschlaggebend die „allgemeine Reife", die menschliche Haltung, die Frage, wie wird sich dieser Junge, dieses Mädchen als ganze kleine Persönlichkeit in der anderen Gruppe fühlen und durchsetzen [...] ?"[65]

Bei dieser Übergangsentscheidung wird der Selbsteinschätzung des Kindes sowie dem Mitspracherecht der Eltern eine wichtige Rolle zugesprochen. Für die Entscheidung stehen ihnen ausführlichen Entwicklungsberichte, die anstatt von Noten erstellt werden, als wertvolle Hilfe zur Verfügung.[66]

---

[61] Petersen 1980, S. 38
[62] Laging 1999, S. 12
[63] Petersen, Peter (Hrsg.): Schulleben und Unterricht einer freien allgemeinen Volksschule nach den Grundsätzen neuer Erziehung. (Jena-Plan Bd. I) Weimar 1930, S. 20 (künftig zitiert als „Petersen 1930")
[64] Vgl.: Traub 1999, S. 128 f.
[65] Petersen 1930, S. 20 f.
[66] Vgl.: Traub 1996, S. 34

5.4 Die Pädagogik Petersens in der aktuellen Diskussion

Peter Petersen gehört zu den bekanntesten, aber auch umstrittensten Erziehungs-wissenschaftlern der Reformpädagogik. Sein Jena-Plan Konzept wird bis in die heutige Zeit sehr kontrovers diskutiert. Viele Kritiker sehen das Problem der Pädagogik Petersens, in der bis heute nicht vollständig geklärten Stellung des Reformpädagogen zum Nationalsozialismus. Diese Ungewissheit hat, nach Klein-Landeck ein Abschwächen der Tradition Petersens in Deutschland zufolge.

Während die einen in dem Reformpädagogen einen Anhänger faschistischer Ideologien sehen, ist er für die anderen ein mutiger Demokrat.[67] Einige Kritiker sind der Meinung, dass Petersens scheinbar wankelmütige Grundhaltung das unbefangene Weiterführen seines Werkes verhindere, während gleichzeitig für andere außer Zweifel steht, dass der Jenaer Pädagoge seine Schulen „nur mit humanen, sittlich geläuterten und pädagogisch anspruchsvollen Gemeinschafts-erfahrungen zu füllen suchte."[68]

Nach Michael Klein-Landeck wird in Petersens Schriften nach 1933 zwar erkennbar, dass dieser versuchte die Vereinbarkeit seiner Pädagogik mit der Gemeinschaftsidee des Nationalsozialismus aufzuzeigen und somit sein Schulmodell des Jena-Plans zu empfehlen, jedoch ohne dabei bedeutungsvolle Zugeständnisse an die menschenverachtenden NS-Machthaber zu machen. Peter Petersen gab somit Klein-Landeck zufolge weder sein „ethische[s] Fundament noch die humanistischen Intentionen seiner Erziehungskonzeption auf."[69]

Zwar benutzt der Reformpädagoge in seinem Jena-Plan Konzept Zentralbegriffe wie „Führer" oder „Volk", die man mit dem Nationalsozialismus verbindet, jedoch besteht bei diesen, Dietrichs Auffassung nach, nicht die geringste Bedeutungskongruenz. Dieser Meinung schließt sich auch Kassner an, der zwar feststellt, dass Petersens Werk kein drastisches „Bollwerk des Geistes gegen das nationalsozialistische Denken" ist, dennoch aber darauf verweist, dass die

---

[67] Vgl.: Klein-Landeck 1998, S. 117
[68] Kassner, P./Scheuberl, H.: Rückblick auf Peter Petersen, sein pädagogisches Denken und Handeln. In: Zeitschrift für Pädagogik. 5/1984, S. 658
[69] Klein-Landeck 1998, S. 117

Arbeiten des Reformpädagogen „nichts mit der nationalsozialistischen Ideologie gemein haben."[70]

Auf weitere Kritik- und Diskussionspunkte bezüglich der Jena-Plan Pädagogik wie beispielsweise den Vorwurf der mangelnden Modernität oder des Anti-Individualismus soll an dieser Stelle nicht näher eingegangen werden, da sie für das Thema dieser Arbeit nicht weiter von Interesse sind.

Insgesamt ist umstritten, ob sich der Gemeinschaftsgedanke Petersens mit der heutigen Vorstellung von Erziehung und Demokratie vereinbaren lässt. Eine bedenkenlose Übertragung der Pädagogik Petersens oder anderer reformpädagogischer Konzepte auf den heutigen Schulalltag ist sicherlich nicht möglich. Vielmehr muss die Frage gestellt werden, welches Verständnis von Erziehung im Kontext gesellschaftlicher Verhältnisse hinter dem Konzept der altersgemischten Gruppe bei Petersen steht und ob dieses auch heute noch unter den veränderten gesellschaftlichen Lebensverhältnissen relevant ist."[71]

Aus diesem Grund reicht es nicht aus die Form des jahrgangsübergreifenden Unterrichts nur damit zu begründen, dass auf die Altersmischung in den reformpädagogischen Konzepten verwiesen wird. Vielmehr ist es einerseits wichtig die bisher aufgeführten Argumente für altersheterogenen Unterricht auf ihre Beständigkeit zu überprüfen und andererseits die Jahrgangsmischung aus der heutigen Zeit heraus neu zu begründen.[72]

---

[70] Kassner, P.: Peter Petersen – die Negierung der Vernunft? In: Die deutsche Schule. 1/1989, S. 126 ff
[71] Laging 1999, S. 14
[72] Vgl.: Ebd.

6. Schluss

Die vorliegende Arbeit, dass das Lernen in altersheterogenen Gruppen bereits eine lange, teilweise reformpädagogische Tradition hat.

Bei der Jahrgangsmischung handelt es sich nicht, wie zeitweilig befürchtet um ein veraltetes Konzept, welches einen Rückfall in die Zwergschulen bedeutet[73]. Vielmehr sind „die potenziellen Vorzüge des schulischen Lernens und sozialen Miteinanders in altersgemischten Gruppen […] in letzter Zeit verstärkt in das Blickfeld der allgemeinen pädagogischen Diskussion geraten."[74]

---

[73] Vgl.: Laging 1999, S. 1
[74] Klein-Landeck: Jahrgangsübergreifende Lernsituationen in der Sekundarstufe I. In: Ludwig, Harald/Fischer, Christian u. a.: Sozialerziehung in der Montessori-Pädagogik. Theorie und Praxis einer „Erfahrungsschule des sozialen Lebens". Münster 2005, S. 171 (künftig zitiert als „Klein-Landeck 2005")

7. Quellenverzeichnis (inklusive weiterführender Literatur)

7.1 Literatur

Auras, Thomas: Eigenständiges Lernen. In: Christiani, Reinhold (Hrsg.): Jahrgangsübergreifend unterrichten. Berlin 2005, S. 192-195

Bambach, Heide: Weder Gewähr noch Bedingung. In: Die Grundschulzeitschrift 84/1995

Baumert, Jürgen/Tillmann, Klaus, Jürgen: Vorwort. In: Watermann, Rainer /Thurn, Susanne u. a.: Die Laborschule im Spiegel ihrer PISA - Ergebnisse. Pädagogisch-didaktische Konzepte und empirische Evaluation reformpädagogischer Praxis. Weinheim 2005, S. 9-12

Blendinger, Dorothea/Diehnelt, Marlene: Kooperation zwischen Klassen. Voneinander lernen in heterogenen Gruppen. Rieden 2003

Bönsch, Manfred: Differenzierung in Schule und Unterricht. Anprüche, Formen, Strategien. München 1995

Bruns, Martina/Larssens, Susanne u. a.: Vorteile von Jahrgangsübergreifendem Unterricht. In: Landesinstitut für Schule. Schuleingangsphase. Fortbildung zur neuen Schuleingangsphase. Didaktische Materialien für die Moderation. Modul 1: Grundlegende Auseinandersetzung und erste Planung. Soest 2004

Burk, Karlheinz: Lernen in jahrgangsübergreifenden Gruppe. In: Burk, Karlheinz (Hrsg.): Jahrgangsübergreifendes Lernen in der Grundschule. Frankfurt am Main 1996, S. 10-23

Christiani, Reinhold: Neuanfang beim Schulanfang. In: Christiani, Reinhold (Hrsg.): Schuleingangsphase: neu gestalten. Berlin 2004, S. 6-23

Christiani, Reinhold: Vertrautes aufgeben? In: Christiani, Reinhold (Hrsg.): Jahrgangsübergreifend unterrichten. Berlin 2005, S. 7-15

Claussen, Claus/Gobbin-Claussen, Christiane: Soziales Lernen in alters-gemischten Lerngruppen. Auf der Suche nach Alternativen zur Jahrgangsklasse im Regelschulwesen. In: Fölling-Albers, Maria (Hrsg.): Veränderte Kindheit – veränderte Grundschule. Beiträge zur Reform der Grundschule. Bd. 75. Frankfurt am Main 1989, S.159-170

Cronauge, Inga: Eine Chance für die Begabten. Hospitation in einer jahrgangs-übergreifenden Klasse der Montessori-Schule St. Suitbertus in Heiligenhausen. In: PÄD-Forum: Themenschwerpunkt: Ohne Klassen –klasse Schulen. 2/1997, S. 153-154

Cuypers, Achim: Vorbereitung und Bereitschaft. In: Christiani, Reinhold (Hrsg.): Schuleingangsphase: neu gestalten. Berlin 2004, S. 198-204

Eichelberger, Harald: Handbuch zur Montessori-Didaktik. Innsbruck 1997

Fölling-Albers, Maria (Hrsg.): Veränderte Kindheit – Veränderte Grundschule. Beiträge zur Reform der Grundschule. Bd.75. Frankfurt 1989

Förch, Johannes/Gerold, Horst-Dieter u.a.: Die altersgemischte Klasse – Aus der Sicht kleiner Grundschulen. In: Burk, Karlheinz (Hrsg.): Jahrgangsübergreifendes Lernen in der Grundschule. Frankfurt am Main 1996, S. 24-29

Geißler, Georg: Das System des Klassenunterrichts. In: Geißler, G. / Wenke, H. (Hrsg.): Erziehung und Schule in Theorie und Praxis. Weinheim 1960

Geppert, Klaus/Preuß, Eckhardt: Differenzierender Unterricht konkret. Analyse, Planung und Gestaltung ; ein Modell zur Reform des Primarbereichs. Bad Heil-brunn 1978

Gobbin-Claussens, Christiane: Wie wir die Eltern überzeugten. In: Christiani, Reinhold (Hrsg.): Jahrgangsübergreifend unterrichten. Berlin 2005, S. 226-228

Goetze-Emer, Brigitte / Klaus, Eva u.a.: Projektunterricht in altersgemischten Lern-Gruppen. Hohengehren 2000

Grotenhaus, Brigitt/Reiners, Christoph: Die neue Schuleingangsphase: Erfolgreich starten! Donauwörth 2004

Hagstedt, Herbert: Lernen durch Lehren – zwischen Reformanstrengungen und Forschungsbedenken. In: Laging, Ralf (Hrsg.): Altersgemischtes Lernen in der Schule. Hohengehren 1999, S. 30-38

Hanke, Petra: Anfangsunterricht Grundschule. Leben und Lernen in der Schuleingangsphase. Neuwied 2002

Hanke, Petra/Hein, Anna Katharina: Bildungsprozesse von Kindern in jahrgangs-übergreifenden und jahrgangsbezogenen Lerngruppen in der Schuleingangsphase. In: Görtz, M./Müller, K.: Grundschule zwischen den Ansprüchen der Individualisierung und Standardisierung. Jahrbuch Grundschulforschung. Band 9. Wiesbaden 2005, S. 101-106

Hanke, Petra: Die neue Schuleingangsphase. Jahrgangsbezogen oder jahrgangs-übergreifend? Neugestaltung der Schuleingangsphase als pädagogisch-didaktische Herausforderung für Grund-schulen in NRW. In: Schule heute: Neue Schul-eingangsphase. 5/2005, S. 3-8

Heilmann, Walter: Gleich alle vier Jahrgänge zusammen? In: Christiani, Reinhold (Hrsg.): Jahrgangsübergreifend unterrichten. Berlin 2005, S. 54-56

Heimer, Reinhold: Planungskonzept: Schuleingangsphase. In: Christiani, Rein-hold (Hrsg.): Schuleingangsphase: neu gestalten. Berlin 2004, S. 24-28

Hein, Anna Katharina: Perspektiven auf Kindheit im chronologischen Wandel. Die kulturkritische Perspektive als Herausforderung für die Grundschule im 21. Jahrhundert. Münster 2004, S. 148

Heller, Elke: Gut, dass wir so verschieden sind. Zusammenleben in alters-gemischten Gruppen. Berlin 1998

Hesse, Gabriele: Differenzierungsformen. In: Christiani, Reinhold (Hrsg.): Jahr-gangsübergreifend unterrichten. Berlin 2005, S. 185-190

Heuss, Gertraud E.: Jahrgangskombinierte Klassen in der empirischen Forschung. In: Grundschule 7-8/1989, S.72

Hinz, Renate/Sommerfeld, Dagmar: Jahrgangsübergreifende Klassen. In: Christiani, Reinhold (Hrsg.): Schuleingangsphase neu gestalten. Berlin 2004, S. 165-186

Holtstiege, Hildegard: Das Prinzip der Altersmischung in Montessori-Schulen. In: Montessori – Zeitschrift für Montessori-Pädagogik. 3-4/1995, S. 102-107

Hosterbach, Hildegard: Die neue Schuleingangsphase in Nordrhein-Westfalen. Eine Anfrage an Montessori-Schulen. In: Fischer, Reinhard/Heitkämper, Peter: Montessori-Pädagogik: Aktuelle und internationale Entwicklungen. Festschrift für Prof. Dr. Harald Ludwig. Münster 2005, S.298-320

Hüfner, Gerhard: Schlüsselqualifikationen. In: Schulverwaltung. 3/1992, S. 87-95

Huschke, Peter/Mangelsdorf, Marei: Wochenplan-Unterricht. Eine Einführung in die praktische Arbeit. Neu ausgestattete Sonderausgabe. Weinheim 1995

Ingenkamp, Karlheinz: Zur Problematik der Jahrgangsklasse. Weinheim 1969

Jenzer, Carlo: Die Schulklasse. Eine historisch-systematische Untersuchung. Bern, Frankfurt a. M., New York, Paris, Wien 1991

Jürgens, Eiko: Die „neue" Reformpädagogik und die Bewegung Offener Unter-richt. Theorie, Praxis und Forschungslage. 3. unv. Auflage. Sankt Augustin 1996

Kaiser, Astrid: Altersgemischtes Lernen – zurück zur Zwergschule oder auf dem Weg zur Schule der Zukunft? In: Laging, Ralf (Hrsg.): Altersgemischtes Lernen in der Schule. Hohengehren 1999, S. V-VII

Kassner, P.: Peter Petersen – die Negierung der Vernunft? In: Die deutsche Schule. 1/1989, S.117-132

Kassner, P./Scheuberl, H.: Rückblick auf Peter Petersen, sein pädagogisches Denken und Handeln. In: Zeitschrift für Pädagogik. 5/1984, S. 647-661

Klafki, Wolfgang: Neue Studien zur Bildungstheorie und Didaktik. 5. Auflage. Weinheim 1996

Klein-Landeck, Michael: Freie Arbeit bei Maria Montessori und Peter Petersen. 2. bearbeitete Aufl. Münster 1998

Klein-Landeck: Jahrgangsübergreifende Lernsituationen in der Sekundarstufe I. In: Ludwig, Harald/Fischer, Christian u. a.: Sozialerziehung in der Montessori-Pädagogik. Theorie und Praxis einer „Erfahrungsschule des sozialen Lebens". Münster 2005, S. 170-177

Knauf, Anne: Kleine Grundschule in Brandenburg – eine Neuorientierung mit jahrgangsübergreifenden Stammgruppen. In: Laging, Ralf (Hrsg.): Altersge-mischtes Lernen in der Schule. Hohengehren 1999, S. 160-168

Knauf, Tassilo: Einführung in den Themenschwerpunkt – Jahrgangs-übergreifender Unterricht – Altersgemischtes Lernen. In: PÄD-Forum: Themenschwerpunkt: Ohne Klassen – klasse Schulen. 2/1997, S.115-117

Knörzer, Wolfgang/Grass, Karl: Den Anfang der Schulzeit pädagogisch gestalten. Studien- und Arbeitsbuch für den Anfangsunterricht. Weinheim 2000

Knörzer, Wolfgang: Einstellung zur Schule und Schulklima. In: Knörzer, W. (Hrsg.): Sind Schüler in kombinierten Grundschulklassen benachteiligt? Balt-mannsweiler 1985

Laging, Ralf: Altersgemischtes Lernen. In: Die Grundschulzeitschrift 84/1995, S. 9

Laging, Ralf: Altersmischung – eine pädagogische Chance zur Reform der Schule. In: Laging, Ralf (Hrsg.): Altersgemischtes Lernen in der Schule. Hohengehren 1999, S. 6-29

Lambrich, Hans-Jürgen: Den Schulanfang neu Gestalten. Die kindgerechte flexible Schuleingangsphase (FLEX) in Brandenburg. In: Die Grundschul-zeitschrift. 104/1997, S. 51-53

Lassek, Maresi/Struckmeyer, Rolf: Altersgemischte Anfangsklassen – eine Regel-schule geht am Schulanfang neue Wege. In: Laging, Ralf (Hrsg.): Altersgemischtes Lernen in der Schule. Hohengehren 1999, S. 169-183

Lennartz, Alice/Ludwig, Harald: Jahrgangsübergreifendes Lernen. In: Witten-bruch, Wilhelm/Lennartz, Alice (Hrsg.): Zeit zu handeln: Grundschulentwicklung voranbringen! Heinsberg 2003, S.81-92

Leutert, H.: Altersgemischtes Lernen? Contra. In: Pädagogik. 10/2002, S.53

Liebau, Eckart: Pädagogik in der Kulturgesellschaft. Über einige Voraus-setzungen einer Allgemeinen Pädagogik. In: Neue Sammlung 30. 4/1990, S. 654-659

Ludwig, Harald: Montessori Pädagogik. Schule und Unterricht. FernUniversität Hagen. 2. Kurseinheit. Hagen 2003

Moll-Strobel, Helgard: Schulanfang in jahrgangsübergreifenden Klassen. Ein anachronistisches oder innovatives Konzept? In: Grundschulmagazin. 5/1998, S. 7-9

Montessori, Maria: Das kreative Kind. Der absorbierende Geist. Freiburg 1972

Montessori, Maria/Becker, Ingeborg (Hrsg.): Lernen ohne Druck. Schöpferisches Lernen in Familie und Schule. Freiburg 1995, S. 150

Montessori, Maria: Spannungsfeld Kind – Gesellschaft – Welt. Auf dem Weg zu einer „Kosmischen Erziehung". Freiburg 1979

Moskopp, Gretel: Übergang vom Kinderhaus zur Grundschule – Neue, flexible, innovative Schuleingangsphase? In: Ludwig, Harald/Fischer, Christian u. a.: Sozialerziehung in der Montessori-Pädagogik. Theorie und Praxis einer „Erfahrungsschule des sozialen Lebens". Münster 2005, S. 124-131

Nicklaus, Ingrid: Eltern gewinnen. In: Christiani, Reinhold (Hrsg.): Jahrgangs-übergreifend unterrichten. Berlin 2005, S. 233-238

Petersen, Peter: Der kleine Jena-Plan. Langensalza 1927. 56.-60. Aufl. Weinheim 1980

Petersen, Peter: Die Praxis der Schulen nach dem Jena-Plan. (Jena-Plan Bd. III) Weimar 1934
Petersen, Peter: Führungslehre des Unterrichts. Langensalza 1937. Neuausgabe nach der 10. Aufl. 1971. Weinheim / Basel 1984

Petersen, Peter (Hrsg.): Schulleben und Unterricht einer freien allgemeinen Volksschule nach den Grundsätzen neuer Erziehung. (Jena-Plan Bd. I) Weimar 1930

Rauschenberger, Hans: Reformschule in Kassel – ein Gedanke und seine all-mähliche Verwirklichung. In: Laging, Ralf/Skorka, A. (Hrsg.): Schulstr. Zwo. Bd. 1. Kassel 1991

Rauschenberger, Hans: Schulpädagogik. In: Ellwein, T. (Hrsg.) u.a.: Die Handlungs- und Forschungsfelder der Pädagogik. Königsstein/Ts 1979

Roßbach, Hans-Günther: Der Forschungsstand zu jahrgangsübergreifendem und altersgemischtem Lernen. In: PÄD-Forum. Lüneburg 2/1997, S. 144-147

Roßbach, Hans-Günther: Empirische Vergleichsuntersuchungen zu den Aus-wirkungen von jahrgangsheterogenen und jahrgangshomogenen Klassen. In: Laging, Ralf (Hrsg.): Altersgemischtes Lernen in der Schule. Hohengehren 1999, S. 80-91

Rösgen, Karin: Die Einführung des jahrgangsübergreifenden Arbeitens. Auf der Suche nach der richtigen Kombination. In: Burk, Karlheinz (Hrsg.): Jahrgangs-übergreifendes Lernen in der Grundschule. Frankfurt am Main 1996, S. 81-85

Schittko, Klaus: Differenzierung in Schule und Unterricht: Ziele – Konzepte – Bei-spiele. München 1984

Schuländerungsgesetz vom 08.07.2003. Abl. NRW. 8/03, S. 265

Schweitzer, Ingrid: Beratende Unterrichtsbegleitung als Fortbildung für Lehrer-innen. In: Burk, Karlheinz (Hrsg.): Jahrgangsübergreifendes Lernen in der Grund-schule. Frankfurt am Main 1996, S. 89-94

Skischus, Gabriele/Thies, Wiltrud: Reformschule Kassel – ein Schulportrait unter besonderer Berücksichtigung des Prinzips der Altersmischung. In: Laging, Ralf (Hrsg.): Altersgemischtes Lernen in der Schule. Hohengehren 1999, S. 110-121

Schmidt, H. J.: Jahrgangsübergreifender Unterricht. In Brügelmann, H./Fölling-Albers, M. u. a.:Jahrbuch Grundschule. Fragen der Praxis – Befunde der Forschung. Frankfurt a. M. 1999, S.120-129

Stein, Barbara: Altersmischung. In: Steenberg, Ulrich (Hrsg.)/Holtz, Alex u.a.: Handlexikon zur Montessori-Pädagogik. 4. Band, Ulm / Münster 1997

Stein, Barbara: Kinder lernen auch von Kindern – Zur Jahrgangsmischung an Montessori-Schulen. In: Ludwig, Harald, Fischer, Christian u. a.: Sozialerziehung in der Montessori-Pädagogik. Theorie und Praxis einer „Erfahrungsschule des sozialen Lebens". Münster 2005, S.132-139

Süselbeck, Gisela: Ich habe meine Lehrerrolle geändert. In: Christiani, Reinhold (Hrsg.): Jahrgangsübergreifend unterrichten. Berlin 2005, S. 203-204

Thurn, Susanne: Altersmischung in der Schule: voneinander lernen – miteinander leben in der Laborschule Bielefeld. In: Laging, Ralf (Hrsg.): Altersgemischtes Lernen in der Schule. Hohengehren 1999, S. 135-150

Traub, Thilo: Die Stammgruppe im Jenaplan Peter Petersens. In: Burk, Karlheinz (Hrsg.): Jahrgangsübergreifendes Lernen in der Grundschule. Frankfurt am Main 1996, S. 30-36

Traub, Thilo: Jahrgangsübergreifende Gruppen im Schulkonzept Jenaplan. In: Laging, Ralf (Hrsg.): Altersgemischtes Lernen in der Schule. Hohengehren 1999, S. 122-134

Valtin, Renate Mit den Augen der Kinder. Freundschaft, Geheimnis, Lüge, Streit und Strafe. Reinbeck 1991

Waldmann, Elvira/Sommer, Denise u. a.: Das altersgemischte Lernen im Modell-versuch „Kleine Grundschule" des Landes Brandenburg – Erfahrungen und Ergebnisse der Wissenschaftlichen Begleitung. In: Laging, Ralf (Hrsg.): Alters-gemischtes Lernen in der Schule. Hohengehren 1999, S. 92-108

Watermann, Rainer/Stanat, Petra: Schulentwicklung und multiple Zielerreichung in der Laborschule: Zusammenfassung und Diskussion der Ergebnisse. In: Water-mann, Rainer/Thurn, Susanne u. a.: Die Laborschule im Spiegel ihrer PISA–Ergebnisse. Pädagogisch-didaktische Konzepte und empirische Evaluation reformpädagogischer Praxis. Weinheim 2005, S. 285-295

Werner, Siegfried: Zwei Modelle. In: Christiani, Reinhold (Hrsg.): Jahrgangs-übergreifend unterrichten. Berlin 2005, S. 19-21

Zeiher, Helga: Modernisierungen in den sozialen Formen von Gleichaltrigen-kontakten. In: Geulen, Dieter (Hrsg.): Kindheit. Neue Realitäten und Aspekte. Weinheim 1994

Zoglowek, Herbert: Arbeiten und Lernen in altersgemischten Gruppen. Erfahrungen mit altersheterogenen Lerngruppen in kleinen Schulen in Norwegen. In: Sandfuchs, U. (Hrsg.): Kleine Grundschule und jahrgangsübergreifendes Lernen. Bad Heilbrunn 1997, S. 61 ff.

7.2 Internetseiten

http://bidok.uibk.ac.at/bib/schule/vierlinger-differenzierung.html (Vierlinger, Ru-pert: Innere Differenzierung als Schlüssel zur schulischen Integration) (30.11.05)

http.://www.bildungsportal.nrw.de/BP/Schule/System/Schulformen/Grundschule/Schuleingan gsphase/Jahrgangsübergreifend/index.html
(Lernen im jahrgangsübergreifenden Unterricht) (23.12.05)

http://www.deutschunterricht.org/diff1.htm#1. Binnendifferenzierung (16.01.06)

http://www.kinderwelten.de/information/erziehung-entwicklung/schule/kleine-grundschulen. html (31.01.2006)

http://www.learn-line.nrw.de/schuleingang/jguebunter/jgsuebergreifend5.html (03.12.05)
http://www.learn.line.nrw.de/angebote/schuleingang/jguebunter/jgsuebergreifend3.html (03.12.05)

http://www.learn.line.nrw.de/angebote/schuleingang/jguebunter/jgsuebergreifend5.html (03.12.05)

http://www.reformschule.de/index2.html (Reformschule Kassel: Die schulpäda-gogische Idee der Reformschule. Kassel 2003, 2.1) (26.01.06)

http://www.vbe-bezirksverband-koeln.de/Informationen04/April04/Schuleingang. html (Ministerium für Schule, Jugend und Kinder NRW: Konzept zur Schuleingangsphase. Düsseldorf 2004) (12.01.06) http://de.wikipedia.org/wiki/Sputnik-Schock (10.12.2005)

7.3 Grafiken

Archiv-Bilder aus dem Film: „Das Schulleben an der Universitätsschule Jena

Fotos zur Montessori-Grundschule in Mönchengladbach: Diese Fotos sind bei meinen drei Hospitationen dort entstanden.

Fotos aus der Wartburg-Grundschule in Münster-Gievenbeck: Diese Bilder habe ich im Rahmen meines Jahrespraktikums an der genannten Schule gemacht.

http://www.labor.didaktikum.ch/bej_online/lehren_lernen_2001/Lele_I_4.doc (Kariaktur zum Thema Differenzierung) (22.01.06)

http://www.schulemachtzukunft2005-035.de/reform.htm (Fotos zur Reformschu-le Kassel) (26.01.06)

Mehr zu diesem Thema finden Sie in „Unterricht in jahrgangsgemischten Klassen in der Grundschule. Möglichkeiten und Grenzen" von Susanne Hoff, ISBN: 978-3-638-73248-2 http://www.grin.com/de/e-book/63958/

BEI GRIN MACHT SICH IHR WISSEN BEZAHLT

- Wir veröffentlichen Ihre Hausarbeit,
  Bachelor- und Masterarbeit

- Ihr eigenes eBook und Buch -
  weltweit in allen wichtigen Shops

- Verdienen Sie an jedem Verkauf

Jetzt bei www.GRIN.com hochladen
und kostenlos publizieren